£1.—

Wird Europa gottlos?
Entchristlichung und Wiederverchristlichung

Fr.-Wirth-Str. 4, D-88353 Kisslegg
Sommer 2003, 1. Auflage
Druck: Ebner & Spiegel, Ulm
ISBN: 3-928929-52-6

Wird Europa gottlos?

Entchristlichung und Wiederverchristlichung

Inhalt

III. Wiederverchristlichung (Rechristianisierung)

„Die Kirche muss ihre missionarische Kraft erneuern. Ihr ist eine anspruchsvolle und herrliche Aufgabe anvertraut, nämlich die einer neuen Evangelisierung, deren die Welt heute dringend bedarf."

(Papst Johannes Paul II)

Vorwort

Vor der bedrückenden Tatsache der Entchristlichung im westlichen Europa, im besonderen in Deutschland, dürfen wir die Augen nicht verschließen. Der klare Blick auf den Glaubensschwund ist der erste Schritt im Bemühen um die Wiederverchristlichung. Dies ist das Anliegen dieses Taschenbuches. Es enthält die Vorträge, die zur Vorbereitung auf Ostern 2003 gehalten wurden.

Im Hinblick auf die Einigung Europas ist das Thema dieses Taschenbuches von großer Aktualität. Soll Europa auch in Zukunft auf dem Fundament beruhen, auf das es einst gebaut wurde, dem Christentum? Oder soll es auf dem schwankenden Boden der Abwendung von Gott, von Christus errichtet werden?

Dem Taschenbuch liegen Zeitdiagnosen und statistische Angaben aus Zeitschriften zugrunde, vor allem aus der Herderkorrespondenz und der Zeitschrift „Lebendige Seelsorge"; weiterhin die Untersuchungen des Religionssoziologen Michael N. Ebertz „Kirche im Gegenwind" (Herder 1997) und „Aufbruch in der Kirche" (Herder 2003); schließlich auch die Erfahrungen eines langen Priesterlebens.

Abtei Weingarten, Pfingsten 2003

I. Entchristlichung - Die Tatsachen

Vorbemerkungen

Keine weltweite Erscheinung

Unser Thema ist von vorneherein in seinen Grenzen zu bestimmen. Es geht um die Entchristlichung heute im westlichen Europa und auch im nördlichen Amerika, jeweils mit gewissen Unterschieden; vor allem um die Entchristlichung bei uns in Deutschland. Die Entchristlichung ist keine weltweite Erscheinung. In den Kirchen Afrikas und Lateinamerikas wenden sich die Gläubigen nicht von den Kirchen ab. Wo dies jedoch geschieht, liegt die Ursache nicht im Innern der Kirche, sondern in intensiver Propaganda des Islam und von aus Europa und Nordamerika importierter Sekten, die zum Teil die armen Menschen mit Geldmitteln anlocken. Missionare, die zum Heimaturlaub nach Europa kommen, berichten von der Kirchen- und Glaubensfreudigkeit in den Kirchen Afrikas; und sie sind befremdet und enttäuscht von der Kirchen- und Glaubensmüdigkeit in Europa.

Einführende Klärungen

Entchristlichung als Versuchung und als Tatsache ist nicht eine völlige Neuheit. Mit dem Licht des Christentums gab es von Anfang an auch den Schatten der möglichen Entchristlichung. Schon der Apostel Paulus mahnt die Christen von Rom: „Gleicht euch nicht dieser Welt an, sondern wandelt euch und erneuert euer Denken“ (Röm 12, 1). Sehr bald vernachlässigten Christen den Gottesdienst und damit die Verbindung mit der Kirche. Im Hebräerbrief steht die Mahnung: „Lasst uns nicht unseren Zusammenkünften fernbleiben, wie es einigen von euch zur Gewohnheit geworden ist“ (Hebr 10, 25).

Es ist zu unterscheiden zwischen Entkirchlichung und Entchristlichung. „Jesus ja – Kirche nein“ lautet der Slogan. Demnach wendet sich nicht unvermeidlich von Christus ab, wer sich von der Kirche abwendet. Ein neuer Slogan lautet: „ Religion ja – aber warum eigentlich christlich?“. Damit wird behauptet, Entchristlichung führe nicht unausweichlich zur Religionslosigkeit. Diese Fragen können nicht nur theoretisch geklärt werden. Es ist auf die Sprache der Tatsachen zu hören.

Wenn es immer wieder zur Entchristlichung gekommen ist, lagen die Dinge zumeist sehr verschieden. Sie ist in manchen Epochen von außerhalb der Kirche ausgegangen und oft mit Gewalt betrieben worden; so durch den Kommunismus und den Nationalsozialismus. In anderen Epochen wurde die Entchristlichung als allgemeine Zeitströmung von vielen Kreisen der Kirche mitgetragen und ist so zur innerkirchlichen Bewegung geworden. Ein Beispiel bietet die sogenannte Epoche der Aufklärung im 18. und 19. Jahrhundert. Die Vertreter der Aufklärung wollten das Christentum nicht gezielt abschaffen, wenn wir von radikalen Aufklärern absehen. Die Aufklärung hat jedoch im Christentum keine geoffenbarte, keine von Gott gnadenhaft geschenkte übernatürliche Religion gesehen. Das Christentum wurde zur „Religion innerhalb der Grenzen der blossen Vernunft" (Kant), zu einer natürlichen Religion. Dies kommt drastisch zum Ausdruck, wenn nicht mehr über das Evangelium gepredigt wurde, sondern über die „christliche" Pflicht z.B. zur Pockenimpfung oder zu verbesserten Methoden der Landwirtschaft. Ein solch natürliches Christentum hatte kein Verständnis für die Klöster, in denen die Ordensleute, wenn sie ihre Berufung ernst nehmen, sich um die konsequente Nachfolge Christi im Licht des Evangeliums mühen. So kam es vor 200 Jahren zur Aufhebung vieler Klöster, die in weltlichen Besitz überführt wurden. Man nennt dies die Säkularisation. In diesem Fall hat das Wort eine spezifische Bedeutung. In der allgemeinen Bedeutung besagt Säkularisation oder Säkularisierung so viel wie Verweltlichung als Folge der Entchristlichung für alle Lebensgebiete.

In der Gegenwart haben Entkirchlichung, Entchristlichung ein besonders radikales Gepräge. Sie gehen in die Breite. Sie erfassen im westlichen Europa alle Bevölkerungsgruppen, Stadt und Land. Sie gehen in die Tiefe und bestimmen völlig das Denken und die Lebensweise. Parallel mit der Entchristlichung lösen sich auch andere Lebensräume auf, so weithin Ehe und Familie, die für ihre Aufgabe der Weitergabe des Glaubens größtenteils ausfallen. Der Prozess der Entkirchlichung und Entchristlichung kommt bisher nicht zum Stillstand, er beschleunigt sich sogar.

Es ist jedoch nicht zu übersehen, dass sich auch Kräfte der Gegenbewegung regen, Kräfte der bewussten Hinkehr zu Christus, zur Kirche.

1. Keine Teilnahme am Gottesdienst

Entkirchlichung, Entchristlichung wird oft zuerst unter diesem Gesichtspunkt der Teilnahme am kirchlichen Leben gesehen. Sie wird dadurch auch besonders sichtbar und greifbar. Das Sekretariat der Deutschen Bischofskonferenz gab Ende 2002 für das Jahr 2001 folgende Häufigkeit der Teilnahme an der Sonntagsmesse bekannt: 15,9% der deutschen Katholiken gingen im Jahr 2001 regelmäßig zur Sonntagsmesse, mit anderen Worten: von 6 Katholiken nur einer. Zum Vergleich: Vor etwa 40 Jahren waren es noch um die 50% und auch etwas darüber, also jeder zweite Katholik. Von der zweiten Hälfte der 60-er Jahre an sank die Zahl ständig bis auf den jetzigen Tiefstand. Man könnte einwenden, dass die Zählung die absolute Zahl der Katholiken voraussetzt, also kleinere Kinder, Kranke usw. nicht berücksichtigt, die nicht verpflichtet sind. Andererseits sind an den Zählsonntagen jeweils auch gelegentliche, also nicht regelmäßige Kirchenbesucher im Gottesdienst. Diese beiden Gruppen gleichen sich wahrscheinlich wieder aus.

Bereits stellt sich das Problem, wie Kirchen erhalten werden können, die kaum benutzt werden, deren Bänke am Sonntag leer sind. Es fällt ja auch das Geldopfer am Sonntag großenteils aus. Ähnliches gilt für leere Priesterseminare, die Frage der Umnutzung kirchlicher Gebäude steht an.

Die Beteiligung der Katholiken am Sonntagsgottesdienst in Deutschland ist nach Gegenden und Diözesen verschieden. In den Großstädten gehen erheblich weniger Gläubige zur Sonntagsmesse als in manchen Gegenden auf dem Land. Auch hier weist jedoch die Tendenz nach unten. Ganz offensichtlich ist der Unterschied zwischen älteren Kirchenmitgliedern, die den Großteil der Kirchgänger bilden, und den Jugendlichen und Kindern, die mit wenigen Ausnahmen beinahe total ausfallen. Dies hat zur Folge, dass die Zahl der sonntäglichen Kirchgänger in der Zukunft weiterhin erschreckend abnehmen wird.

„Wenn auch eine Tendenz zur Vergreisung der Kirchenbesucherschaft in zahlreichen europäischen Ländern auszumachen ist, sind doch in keinem anderen Land die katholischen Gottesdienstgemeinden so extrem von Überalterung gekennzeichnet wie in der Bundesrepublik...!"
(Ebertz, Kirche im Gegenwind, S. 48)

Es ist daneben wenn man sagt: Noch vier Millionen Katholiken sind in den Sonntagsgottesdiensten. So viele Besucher bringt keine andere Institution oder Organisation regelmäßig auf.
Es geht jedoch bei der Sonntagsmesse um etwas objektiv Höchstwesentliches im Unterschied zu Sport und Unterhaltung. Besser angebracht ist folgender Vergleich: Alte Eltern haben sechs erwachsene Kinder, zum Geburtstag des Vaters oder der Mutter kommt nur einer heim. Werden die Eltern erfreut feststellen, dass einer da ist? Wird es sie nicht vielmehr schmerzen, dass nur er da ist?

Die Kinder und Jugendlichen, die keine Beziehung zum Gottesdienst haben, werden im Alter nur zum geringen Teil ihre Einstellung und ihr Verhalten ändern. Der Druck der Gewohnheit aus den frühen Jahren der Kindheit und Jugendzeit wird sich stärker erweisen. Zu weiterem Absinken wird auch der Umstand führen, dass wegen des Priestermangels an immer mehr Orten keine Sonntagsmesse mehr gefeiert werden kann, allenfalls ein Wortgottesdienst, geführt von einem Diakon oder einem Laien. Diese Wortgottesdienste finden nicht dieselbe Hochschätzung wie die Eucharistie, auch bei den Noch-Kirchentreuen nicht.

Das Absinken der Zahl der Kirchenbesucher am Sonntag ist auch in anderen europäischen Ländern bedrückend. Besonders krass sind diesbezüglich die Verhältnisse in den Niederlanden. Dort nahmen in den 60-er Jahren zwischen 80 – 90% der Katholiken an der sonntäglichen Eucharistiefeier teil. Heute sind es kaum über 10%.

Die Mitfeier des sonntäglichen Gottesdienstes ist nicht schon das ganze Christentum, jedoch ein grundlegendes Element des Lebens des Christen. Deshalb ist die Verantwortung all derer, denen diese Feier in besonderer Weise aufgetragen und anvertraut ist, sehr ernst.

2. Passageriten

Dieser Ausdruck kann doppelt gedeutet werden. Gemeint sind Riten bei den wichtigen Lebensübergängen (Geburt - Taufe; wache Kindheit – Erstkommunion; Pubertät – Firmung oder Konfirmation; Hochzeit; Beerdigung). Oder: die Empfänger dieser Riten (Sakramente) und ihre Angehörigen sind sehr vorübergehende, zufällige Kirchenbesucher. Es scheint gegen die Entchristlichung zu sprechen, dass christliche Eltern (beide katholisch, evangelisch oder konfessionsverschieden) ihre Kinder mehrheitlich taufen lassen, die Kinder zur Erstkommunion gehen, Jugendliche gefirmt werden, bzw. zur Konfirmation gehen; getaufte Brautleute sich kirchlich trauen lassen, wenn auch mit fallender Tendenz; weitaus die meisten Getauften kirchlich beerdigt werden.

In vielen dieser Fälle ist es jedoch so, dass diese Riten ihres eigentlichen Sinnes entleert sind, was die Einstellung der Empfänger bzw. ihrer Angehörigen betrifft. Es sind nicht entscheidende und lebenbestimmende Begegnungen und Verbindungen mit Christus und seiner Kirche. Sie sind Familienfeste, Verschönerungen von wichtigen Abschnitten im Leben des Einzelnen und seiner Familie.

„Religiöse Angebote dienen als zusätzliche Dekoration des Lebens“ (H. Hemminger).

Diese Riten, Sakramente sind säkularisiert, verweltlicht und in diesem Sinn entchristlicht. Diese Verweltlichung kann so weit gehen, dass sie vom Empfänger her in das Gegenteil ihres objektiven Sinnes verkehrt werden. So wird die Firmung realistisch nicht enge Verbindung mit der Kirche, sondern Verabschiedung von der Kirche genannt.

Was die Taufe nicht wenigen Eltern und Verwandten des Täuflings bedeutet, bezeugen Aussagen wie „Die Taufe ist vor allem eine Familienfeier" oder „Mit der Taufe wird der Beginn des Lebensweges gefeiert". Es ist vielsagend, dass die Empfänger dieser Riten und vor allem ihre Familienangehörigen und Verwandten großen Wert darauf legen, dass die Gestaltung des Ritus möglichst feierlich, „schön" sei, dies aber nicht wegen der objektiven Bedeutung des Ritus, des Sakramentes, sondern um das Familienfest zu erhöhen und durch Fotos oder Filme „schöne" Erinnerungen daran zu haben.
Diese Passageriten werfen schwere pastorale Probleme auf. Die rigoristische Seelsorgetheorie neigt rasch zur Verweigerung des Sakramentes, wenn die Glaubenseinstellung und Verbindung mit der Kirche sehr locker sind oder gar fehlen; wenn wie Kommunionmütter sagen - und dies gilt ähnlich für andere Sakramente - : „Wir haben es oft mit Neuheiden zu tun." Es ist nicht auszuschließen, dass die Sakramente unter Umständen verweigert werden müssen, nämlich dann, wenn der Glaube an den Sinn des Sakramentes und die Bereitschaft, das Leben entsprechend zu gestalten, völlig fehlen. Die milde pas-

torale Richtung plädiert dafür, dass alles versucht werden muss, das Sakrament feiern zu können, sich mit der begründeten Vermutung zu begnügen, dass im tiefsten der Glaube nicht ganz fehlt. Der glimmende Docht sei nicht auszulöschen. Das empfangene Sakrament könne später ein Anknüpfungspunkt sein.

Dies alles gilt auch für den starken Besuch der Weihnachtsmette. Der hl. Abend wird wesentlich, wenn nicht ausschließlich zur Familienfeier. Das Geheimnis der Menschwerdung des Sohnes Gottes steht im Hintergrund, wenn es nicht gar vergessen ist oder nicht mehr geglaubt wird. Christus ist für viele bloßer Mensch. In Maria und ihrem Sohn wird die Anmut der Verbindung Mutter-Kind gesehen.

3. Kirchenaustritte

Bei den Kirchenaustritten liegt unmittelbar eine Entkirchlichung vor. Bevor zu bedenken ist, ob damit auch die Entchristlichung verbunden ist, zunächst maßgebliche Daten. Wie im Fall des sonntäglichen Messbesuches war in den 50er und beginnenden 60er Jahren die Zahl der Trennungen von der katholischen Kirche nicht beängstigend. Dies schlug dann um und nahm immer mehr katastrophale Ausmaße an. Wurde zunächst die Zahl 100.000 nicht erreicht, so waren es im Jahre 1992 193.000. Seitdem schwankt die Zahl zwischen 100.000 und 170.000. Für die evangelische Kirche war der Verlust im Jahr 1992 mit 361.000 noch schmerzlicher, wie dort auch in den anderen Jahren die Austrittswelle diejenige in der katholischen Kirche überwiegt. Für das Jahr 2001 gibt das Sekretariat der Deutschen Bischofskonferenz die Zahl 113.700 an. Durchweg sind dagegen die Aufnahmen oder Rücktritte in die katholische Kirche gering, so im selben Jahr 2001: 12.500. In den Städten, vor allem in den Großstädten, ist die Zahl der Austritte besonders hoch. So können es an einem einzigen Tag dort an die 50 sein, wenn nicht sogar noch mehr. Ein erschreckender Aderlass, vor allem unter den jüngeren Jahrgängen.

Trennen sich die von der Kirche Austretenden auch zugleich vom Christentum? Ist Entkirchlichung zugleich Entchristlichung oder sogar Abschied von jeder Form von Religion? Dies verneinen die allermeisten (90%). Was glauben sie tatsächlich? Dieser Frage ist nun nachzugehen.

4. Glaubensschwund

Wir fragen nicht nur danach, ob die aus der Kirche Austretenden trotzdem glauben und was sie allenfalls glauben. Die Frage lautet: Was glauben überhaupt die Menschen in Deutschland und im besonderen die Christen? Die Frage ist nicht einfach zu beantworten. Glaube und Unglaube können statistisch nicht so präzise erfasst werden wie etwa die Zahl der sonntäglichen Kirchenbesucher. Bei dem Blick auf die Glaubenvorstellungen der Deutschen insgesamt ist vor Augen zu halten, dass nach der Wiedervereinigung der ehemaligen DDR mit dem westlichen Deutschland neben den beiden Großkirchen nun als dritte starke Gruppe die Konfessionslosen zu registrieren sind. Die Angaben aufgrund von Befragungen stimmen nicht völlig überein, geben jedoch im Vergleich dieselbe Grundtendenz an. Im folgenden sei wiedergegeben, wie der Religionssoziologe M. Ebertz die Glaubenssituation in Deutschland beurteilt (Artikel „Neue Unbekümmertheit im Umgang mit der Kirche", in: Lebendige Seelsorge 51 (2000), 220-225).

Er spricht zuerst über Glaube und Unglaube in Deutschland insgesamt. Während die Mehrheit in den neuen Bundesländern nicht an Gott glaubt, bekennt sich die Mehrheit der Westdeutschen zum Glauben an Gott (64%). Allerdings entsprechen die Vorstellungen von Gott immer weniger dem unverkürzten christlichen Glauben. Nach einer diesbezüglichen Umfrage ist Gott nur für 17,3% der Deutschen ein „persönliches Gegenüber". Selbst bei denjenigen, die sich in der Umfrage als häufige Kirchgänger einstuften, entschied sich nur ein Drittel für den persönlichen Gott. Gott ist für die Mehrheit „in der Natur“ oder eine „nichtpersönliche, universale Kraft“. Dieses Gottesbild hat tiefreichende Folgen. Jesus Christus ist für 43% nur ein großer Mensch, der menschgewordene Sohn Gottes ist er nur für 29%. Ohne den Glauben an den persönlichen Gott, an Jesus, den menschgewordenen Sohn Gottes, der die Wahrheit verkündet hat, bricht der Glaube an die anderen wesentlichen christlichen Dogmen zusammen.

„An ein Leben nach dem Tod, an die Auferstehung der Toten (Anm.: zuerst die Auferstehung Christi, und dann der Toten), an den Himmel glaubt nur noch ein Drittel der Westdeutschen. In Ostdeutschland, wo die Mehrheit zäh konfessionslos ist, sind es nicht einmal 20 %.“

Dies bisher über die Deutschen im allgemeinen. Nun über die Kirchenmitglieder im allgemeinen (katholisch und evangelisch).

„Auch Kirchenmitglieder gehören somit zu den ‚Ungläubigen‘. Und dies gilt sogar für Personen, die sich selbst als ‚religiös‘ beschreiben. Von diesen ‚Religiösen‘ glauben nicht alle an Gott, nicht alle an die Seele, nicht alle an die Sünde. Nur noch eine knappe Mehrheit von ihnen glaubt an ein Leben nach dem Tod (57%), und Minderheiten der ‚Religiösen' sind es inzwischen, die an die Auferstehung der Toten (49%), an den Himmel (49%), an die Hölle (20%) oder an den Teufel (23%) glauben."

Unter diesen Voraussetzungen kann auch die Einstellung zur Kirche selbst bei den Christen nicht die Sicht des Glaubens sein. Auch für viele Christen ist die Kirche nicht mehr die Gemeinschaft, in der Christus im Hl. Geist das Leben der Gnade schenkt, die im ewigen Leben vollendet wird; nicht die Verbindung von Zeit und Ewigkeit, von Erde und Himmel, von Mensch und Gott. Sie ist eine menschliche Institution neben anderen Institutionen. Sie wird akzeptiert als zuständig für die Feierlichkeit und Ausschmückung von wichtigen Lebensabschnitten, auch in ihrem sozialen Dienst (Kindergärten, Altenheime, Heime für Behinderte usw.). Sonst aber geht man auf Distanz zu dieser Institution (Amtskirche), wie man auch zu anderen Institutionen auf Distanz geht. Nach einer Allensbach-Umfrage im Herbst 2002 bezeichneten sich nur noch 19% der befragten Katholiken als gläubig und mit ihrer Kirche eng verbunden; 35% sind kritisch mit ihr verbunden. Annähernd der Hälfte der Katholiken bedeutet die Kirche nicht viel oder gar nichts (FAZ 21.2.2003).

Die Frage drängt sich auf. Wie steht es in unserer Zeit des Glaubensschwundes mit dem *Religionsunterricht*? Kann er dem Glaubensschwund entgegenwirken? Oder ist er ein Beispiel dieses Übels? Die ReligionslehrerInnen, die sich bemühen den Glauben nach besten Kräften weiterzugeben, verdienen hohe Bewunderung und Anerkennung. Der Religionsunterricht ist zwar im Grundgesetz als ordentliches Lehrfach grundgelegt, damit ist die heutige Problematik nicht hinfällig. Die pflichtbewussten Religionslehrer stehen vor der großen Schwierigkeit: Während die anderen Fächer mit Wirklichkeiten des Lebens zu tun haben (Physik, Erdkunde, Geschichte, Sprachen usw.), fehlt dem Religionsunterricht der Bezug zum Leben, wenn Religion, Glaube im Elternhaus keine Rolle spielen, wenn der Bezug zur Gemeinde fehlt (Schulen fallen nicht mit der Gemeinde zusammen; nicht der Gemeindeseelsorger ist der Religionslehrer). Eltern haben oft kaum Interesse am Religionsunterricht oder ein eigenartiges: er soll Hilfe für die Erziehung sein, das Kind soll Moral lernen.

Zum Glauben führen nicht Religionslehrer und Religionsbücher, die auf andere Themen wie „Umwelt, Frieden, Umgang mit Ausländern" als Hauptthemen ausweichen. Oder die nur die verschiedenen Religionen vor Augen stellen. Glaube ist nicht nur Kenntnis, sondern Überzeugung, Entscheidung. Diese kann nicht der Auswahl, dem Geschmack, überlassen bleiben. Überzeugung kommt durch Überzeugung, die durch den Religionslehrer (Religionsbuch) vermittelt wird. Dies ist zu bedenken im Hinblick auf den ökumenischen Religionsunterricht und zeigt die Notwendigkeit des konfessionellen Religionsunterrichts.

Es ist nicht zu vergessen: Politische Strömungen zielen darauf, dass der Religionsunterricht als staatlich garantiertes ordentliches Lehrfach abgeschafft wird. Mancherorts wird bei unvermeidlichem Stundenausfall zuerst der Religionsunterricht in Erwägung gezogen. Leider ist dieser Ausfall auch durch das Fehlen von Religionslehrern verursacht. Sehr fragwürdig ist es, wenn Religion als Prüfungsfach von Schülern deshalb gewählt wird, weil es als leicht angesehen wird.

5. Ersatzglaube

Der Glaube an die Dogmen und Tatsachen des Christentums ist weithin geschwunden. Glaubt nun die überwiegende Mehrheit der Deutschen überhaupt nichts mehr? Nur 10% der aus den Kirchen Austretenden sagen von sich, sie haben keinen Glauben, keine Religion. Woran glauben die vielen, die den christlichen Glauben nicht (mehr) haben? Vor Jahren lautete, wie schon gesagt, der Slogan: „Jesus ja – Kirche nein“. Man glaubte irgendwie noch an Jesus Christus. Nun gilt ein anderer Slogan: „Religion ja – aber warum eigentlich christlich?“

Im vorhergehenden war die Rede davon, an welche Glaubenswahrheiten der christlichen Religion die Deutschen, auch viele Christen, nicht mehr glauben. Ist ein anderer Glaube an ihre Stelle getreten?

Der neue nicht-christliche Glaube kann unter dem Sammelbegriff „Esoterik“ zusammengefasst werden. Das Wort bezeichnet zunächst: Richtung nach innen. Näherhin bezeichnet es nach innen gerichtete, nach außen sich abschließende Bestrebungen, z.B. Philosophenschulen als Geheimbünde, dann ihre Lehren als Geheimlehren. Man kann den Begriff auch auf den einzelnen Menschen anwenden, um seine ‚Religiosität' zu bezeichnen, in der der Mensch sich ganz dem eigenen Inneren zuwendet, sich abgrenzt auf jeden Fall gegen nur verstandesmäßig erfasste allgemein-gültige Wahrheiten, gegen ein nur naturwissenschaftliches Weltbild, gegen Kirchen mit ihren Dogmen und ihrer Theologie. Man spricht von einer vagen, vagierenden, vagabundierenden Religiosität.

Diese Esoterik ist besonders seit den 80er Jahren stark verbreitet. Jedes sechste veröffentlichte Buch ist ein Esoterikbuch. Der Jahresumsatz derartiger Bücher, Zeitschriften, Videos, CDs, Kassetten beträgt rund 10 Milliarden Euro. Auch in christlichen Buchhandlungen sind da und dort Esoterikangebote umfangreicher als christliche und theologische Bücher. Die Grenzen zwischen Christen (auch Kirchgängern) und Esoterikanhängern sind zudem fließend. Ein Drittel der Esoterikanhänger sind Christen, die angeblich am Christentum festhalten und zugleich esoterische Tendenzen pflegen wollen.

In der Esoterik sind unterschiedliche Formen zu unterscheiden.

- Eine Minderheit bilden die organisierten Gruppen (Sekten), die eine entfaltete Weltanschauung vertreten.
- In der Mehrheit handelt es sich um eine Auswahl-Esoterik. Man vermischt Elemente aus verschiedenen Anschauungen, z.B. aus östlichen Religionen (Buddhismus, Hinduismus), Astrologie, körper- und ganzheitsorientierter Psychologie, Kosmologie, Ökologie, Feminismus, Magie, Theosophie, Anthroposophie. Großer Wert wird auf Selbsterfahrung gelegt, Selbstverwirklichung, Lebensbewältigung, Gesundheitspflege, Reinkarnationstheorien. Mit der Vorstellung einer (wiederholten) Wiedergeburt sympathisiert sogar ein Drittel der katholischen Kirchentreuen.

Weil in der Esoterik keine klaren ethischen Forderungen bestehen, sind dafür auch jene Katholiken anfällig, bei denen sich durch Teilglauben, Irrglauben, Unglauben auch die moralischen Glaubensüberzeugungen aufgelöst haben: Abtreibung, Missachtung der Menschenwürde des Embryo, therapeutisches Klonen, PID, aktive Sterbehilfe, Homosexuelle, Ehescheidung, Ehe ohne Trauschein usw.

Tiefer Unterschied zwischen Christentum und Esoterik

Manche Methoden mögen auch Christen nützlich sein, aber der Inhalt ist jeweils verschieden. Das Christentum ist auf objektive Wahrheit angelegt. Bei der Suche nach Wahrheit hat der menschliche Verstand eine wichtige Rolle. Esoterik stützt sich dagegen vor allem auf persönliche gefühlsmäßige Erfahrung. Das Christentum kennt die Führung durch die von Christus begründete Lehrautorität der Kirche. In der Esoterik ist der Einzelne seine eigene Lehrautorität oder er vertraut sich einem Guru an. Die Esoterik kennt keine Erlösung durch die Gnade des persönlichen Gottes. Der Esoteriker findet die Erfüllung durch ein anonymes kosmisches Geschehen (Änderung des Sternenhimmels; New Age: Wassermann) oder durch psychische Methoden, durch Hinwendung zum eigenen Selbst (Selbstzentrierung). Dies alles hat seine Wurzel letztlich in einem verschiedenen Gottesbegriff. Für fernöstliche Religionen ist das Göttliche nicht der persönliche Gott, sondern eine völlig transzendente, passive, in sich ruhende Wirklichkeit. Der Mensch strebt aktiv zum Eintauchen in das Göttliche (Stichwort Selbsterlösung), schon heute durch die Versenkung in sich selbst und im Verlauf des Lebens durch die aufeinander folgenden Lebensepochen (Reinkarnation). Der persönliche Gott, an den wir Christen glauben, ist der Handelnde. Er offenbart sich und ruft den Menschen zur Teilhabe an seinem göttlichen Leben. Der Mensch ist zuerst der Empfangende, wenn er sich dem Wort und dem Heil Gottes öffnet (Kardinal Ratzinger).

Wir Christen müssen uns fragen, inwiefern wir schuldig sind, dass viele Menschen nicht mehr im Christentum, in der Kirche die Antwort auf das religiöse Suchen finden und sich der Esoterik zuwenden (etwa wenn Jugendliche in den fernen Osten, z.B. Indien reisen und dort Kontakt mit östlichen Religionen suchen). Sind wir Christen nicht viel zu viel mit Reflexion auf Probleme der Kirche beschäftigt (Kritik an der Kirche; demokratische Bestrebungen; Stellung der Laien; Frauendiakonat und – priesterweihe), anstatt geistliches Leben zu pflegen und zu fördern? Müssen nicht die Hirten in der Kirche

(Priester, Bischöfe) sich fragen, ob sie nicht zu sehr Amtspersonen, Organisationsverwalter usw. sind, anstatt geistliche Väter und Führer zu sein.

Ist schon die Esoterik Säkularisierung der Religion mit geringem oder fehlendem Einfluss auf die Gestaltung des Lebens in Verantwortung vor dem persönlichen Gott und Befolgung seines Willens, so sind manche Lebensgebiete sogar verweltlichter Ersatz für Religionen. Als Beispiel sei der Sport in manchen Formen genannt. Nichts gegen vernünftigen, maßvollen Sport. Anders steht es mit Formen des Berufs- und Hochleistungssportes. Fußballspiele, vor allem als nationale oder internationale Großveranstaltungen werden nach einer fest bestimmten „Liturgie" eröffnet. Sie sind pseudoreligiöse Massenbewegungen. Die Zuschauer geraten in Ekstase, fühlen sich im Banne einer anderen höheren Welt. Die olympischen Spiele, der Olympismus wird die Religion der Gegenwart genannt. Die Anhänger dieser Religion entfremden sich dem konkreten Leben, das verweltlicht sich selbst überlassen ist.

Zum Abschluss

Eine Pfarrgemeinde ist heute in keiner Weise ein Gebiet, das geistig-religiös einheitlich ist. Wenn wir nun mehrere Gruppen nennen, die in dem Gebiet einer Pfarrei – zumal in den Städten – wohnen, so erhebt diese Aufzählung nicht den Anspruch auf Vollständigkeit. Diese Gruppen sind unter sich sehr verschieden. Es geht hier nicht um eine Beurteilung. Zudem ist jeder Mensch in und mit seiner innersten Einstellung ein Geheimnis. Unter dem Gesichtspunkt des Glaubens wohnen in dem Gebiet einer Pfarrgemeinde Christen anderer Konfessionen, jüdische und muslimische Bürger, Esoteriker verschiedener Prägung, Sektenanhänger, Religionslose, Atheisten. Die getauften Katholiken teilen sich auf in Praktizierende, die am Gottesdienst und am Gemeindeleben teilnehmen, in Nur-Kirchgänger, Kritische, Passagechristen, Suchende, Zweifelnde, Teilglaubende; unter dem Gesichtspunkt der Übereinstimmung mit der Moral und den Rechtsbestimmungen der Kirche in geordnete Ehen, Verhältnisse und Verbindungen von Mann und Frau, die den Weisungen des Evangeliums und der Lehre der Kirche nicht entsprechen. Besondere Sorge und Aufmerksamkeit ist den Kranken, älteren Menschen, Einsamen, von einer Notlage Heimgesuchten zu schenken.

Die Seelsorger, Priester, Diakone und die aktiven Gläubigen stehen in unserer weithin entchristlichten Zeit vor der großen Aufgabe, auch den Menschen von heute Christus zu verkünden und ihn zu bezeugen, indem sie an den Problemen, Sorgen und den

Nöten der Menschen teilnehmen. Das kirchliche Gesetzbuch legt den Seelsorgern ans Herz „sich mit aller Kraft, auch unter Beiziehung der Hilfe von Gläubigen, darum zu bemühen, dass die Botschaft des Evangeliums auch zu jenen gelangt, die religiös abständig geworden sind oder sich nicht zum wahren Glauben bekennen“ (Can 528 §1), „an den Sorgen, den Ängsten und vor allem an der Trauer der Gläubigen Anteil nehmen und sie im Herrn stärken, und wenn sie es in irgendwelchen Dingen fehlen lassen, soll der Seelsorger sie in kluger Weise wieder auf den rechten Weg bringen, mit hingebungsvoller Liebe soll er den Kranken, vor allem den Sterbenden zur Seite stehen... er soll sich mit besonderer Aufmerksamkeit den Armen, Bedrängten, Einsamen, den aus der Heimat Verbannten und ebenso denen zuwenden, die in besondere Schwierigkeiten geraten sind“ (Can 529 §1).

Unsere weithin entchristlichte Welt stellt die Christen vor riesengroße Aufgaben. Die im vorhergehenden gegebene Analyse unserer Zeit ist äußerst ernst. Wir dürfen die Augen davor nicht verschließen.

II. Gründe der Entchristlichung

Immer mussten und müssen die Christen dagegen kämpfen, dem Evangelium untreu zu werden, sich dem Zeitgeist, dem Leben ohne Gott zu überlassen, den Weg der Profanierung, der Verweltlichung (Säkularisierung) einzuschlagen. Heute jedoch hat die Tendenz zur Entchristlichung, Entkirchlichung im Westen einen bisher nie gekannten Grad erreicht. Worin liegen die Gründe dieser Entwicklung? Es ist zu unterscheiden zwischen allgemeinen, nicht typisch kirchlichen und den innerkirchlichen Entwicklungen. Sowohl die allgemeinen als auch die innerkirchlichen sind mannigfaltig. Hier können nicht alle, jedoch sollen besonders bedeutsame genannt und dargestellt werden.

A) Allgemeine Entwicklungen

1. Der Individualismus

In der neuzeitlichen Geistesgeschichte rückte der Einzelne, das Individuum, die Person immer mehr in den Mittelpunkt. Ein Zeichen dafür ist die Tatsache, dass die allgemeinen Menschenrechte weithin internationale Anerkennung, wenigstens in der Theorie, gefunden haben. Es handelt sich um Rechte, die der menschlichen Person als Person zustehen. Die Erklärung der allgemeinen Menschenrechte (UNO 10. Dez. 1948) stellt an den Anfang ihrer Begründung „die Würde und den Wert der menschlichen Person". Das Zweite Vatikanische Konzil hat sich in ähnlicher Weise geäußert: Es wächst „das Bewusstsein der erhabenen Würde, die der menschlichen Person zukommt, da sie die ganze Dingwelt überragt und Träger allgemeingültiger sowie unverletzlicher Rechte und Pflichten ist" (Konstitution über Kirche in der Welt von heute, 26).

Die Hochschätzung der menschlichen Person ist weithin eine positive Entwicklung. Dies kommt z.B. in dem Grundrecht der recht verstandenen Gewissens- und Religionsfreiheit zum Ausdruck. Ohne äußeren Druck muss der Mensch die Möglichkeit haben, die Wahrheit im sittlichen Bereich und in der Religion zu suchen und entsprechend zu leben. Er ist aus seinem Wesen dazu verpflichtet, die Wahrheit ernsthaft zu suchen. Die Religion darf also nicht aufgezwungen sein. Sie ist freie, verantwortliche persönliche Entscheidung.

Das Recht der Person zur persönlichen Entscheidung in der Religion wird jedoch verfälscht, wenn der Einzelne beansprucht, nach Willkür, ohne ernste Suche als oberste Instanz über Wahr und Falsch,

Gut und Böse, Recht und Unrecht zu entscheiden. „Ich bestimme – mir hat niemand etwas zu sagen!" Der Mensch macht sich zum absoluten Selbstversorger in der Religion bzw. in der Religionslosigkeit. Ein solcher Subjektivismus ist allergisch gegen jeden, auch nicht zwanghaften Einfluss von seiten einer Institution, gerade auch von seiten der Kirche. Sie wird von vorneherein (wie auch andere Institutionen) nicht als Hilfe zur Wahrheitsfindung, sondern als Reglementierung und Einengung gesehen. Die wünschenswerte Subjekt- und Personwerdung wird zum Subjektivismus. Dieser führt zur Abwendung von der Kirche, wenn nicht sogar vom Christentum und jeder Religion überhaupt. Allzu leicht verfällt der Mensch dann dem Zeitgeist, der Verweltlichung, der Säkularisierung.

Die subjektivistische Verabsolutierung des menschlichen Ichs äußert sich in der *einseitigen Betonung der menschlichen Vernunft*. Dann gilt nur das als Wirklichkeit, was der Mensch mit seiner bloßen Vernunft feststellen und voll begreifen kann. Zu dieser Vernunfterkenntnis kommt noch das naturwissenschaftliche Experiment hinzu. Wahr ist, was der Mensch experimentell konstatieren kann. Dadurch wird der Verstand auf die unmittelbar verstandesmäßig erkennbare und die experimentell erfassbare Welt eingeschränkt. In diesem Horizont haben die Geheimnisse des Glaubens keinen Platz. Wie sehr jedoch der Vernunft diese Einengung des Horizontes widerspricht, hat schon der französische Philosoph und Naturwissenschaftler Blaise Pascal gesagt: „Der letzte Schritt der Vernunft ist die Erkenntnis, dass es eine Unendlichkeit von Dingen gibt, die sie übersteigen. Sie ist nur schwach, wenn sie nicht bis zu dieser Erkenntnis vordringt. Wenn die natürlichen Dinge sie übersteigen – was soll man erst von den übernatürlichen sagen?“ (Gedanken 55).

Der individualistische Rationalist kennt keine Geheimnisse, keine Geheimnisse Gottes und folglich auch keine – wenn man sie so nennen darf – natürlichen Geheimnisse des Menschenherzens. Seine Welt ist völlig säkularisiert. Deshalb kennt er auch keine Ehrfurcht, die Schwester der Religion. Goethe sagt, auf die Ehrfurcht komme alles an, „damit der Mensch nach allen Seiten hin ein Mensch sei“. Ohne rasch zu verallgemeinern, muss gesagt werden: Entchristlichung, Areligiosität hat als Voraussetzung und als Folge den Mangel an Ehrfurcht.

2. Der Pluralismus

Eine Vielfalt von Weltanschauungen, Lebensauffassungen, moralischen Vorstellungen wird heute den Menschen vor Augen geführt. Der Einzelne steht vor einem Riesenangebot von kulturellen, pseudo-religiösen und religiösen Anschauungen. Der Glaube des Christen hat viel Konkurrenz. Da sind die nichtreligiösen und pseudoreligiösen Systeme z.B. New Age. Da sind die anderen Religionen, z. B. der Islam, die bei uns Fuß gefasst haben. Da sind die verschiedenen christlichen Konfessionen und die oft sehr unterschiedlichen Strömungen, Glaubensformen innerhalb derselben Konfession, derselben Kirche, zuweilen auch in wesentlichen Fragen. Wir haben im ersten Kapitel von solchen entgegengesetzten Meinungen im Glauben auch bei den katholischen Christen gehört. Ein Beispiel der Unterschiede in der evangelischen Kirche: Fünf Landeskirchen (Nordelbische, Rheinische, Pfälzische, Berlin-Brandenburgische, Hessen-Nassauische) haben sich für die Segnung homosexueller Paare – sogar während des Gottesdienstes – ausgesprochen. Dies hat zu schweren Erschütterungen innerhalb dieser Kirchen geführt.

Die Begegnung mit anderen Systemen, Religionen kann dazu führen, nicht nur diese zu verstehen, sondern auch die eigene Religion in ihrer Eigenart besser zu erfassen. Die Begegnung hat jedoch auch eine negative Wirkung. In der Öffentlichkeit entsteht die Meinung: Die Religionen sind doch alle gleich, wollen alle dasselbe. Damit erscheinen sie alle als gleich gültig, gleichgültig. Das ist Wasser auf die Mühle der Entchristlichung, der Säkularisierung.

Der Pluralismus und der Individualismus verbinden sich. Jeder kann nach Belieben auswählen. Die Wahrheitsfrage wird ausgeklammert. Der Leiter einer Talk-Show des Fernsehens hat geäußert: „Religion ist nicht Sache der Wahrheit, sondern der Plausibilität." Eine solche Religion der Plausibilität ist verschwommen, kraftlos. Sie vermag nicht, das Leben wirksam und in die Tiefe religiös zu durchdringen. Das Tor steht offen für die Entchristlichung, die Verweltlichung, die Säkularisierung.

3. Die Aufteilung der Lebensgebiete

Der Pluralismus läuft parallel mit der Vielfalt der Lebensräume, in denen die Menschen in der modernen Zeit leben, zuweilen hauptsächlich in einem und nebenher, gelegentlich auch zugleich in anderen. In früheren Zeiten lebte der Mensch in der Familie, in der Nachbarschaft und in der religiösen Gemeinde. Hier war ein einheitlicher Raum für die Glaubensweitergabe gegeben. Heute lebt der Mensch in den Lebensräumen der Politik, des Staates, der Partei, der Wirtschaft, der Industrie, des Arbeitsplatzes, der Bildungsstätte, des Gesundheitswesens, des Sportes, der Unterhaltung und des Vergnügens. Jeder dieser Lebensräume hat seine eigene Logik, seine eigenen Gesetze. Die Familie ist nur eine eventuelle Teilwirklichkeit. Sie hat nur begrenzte Möglichkeiten der Glaubensweitergabe in der pluralisierten, anonymisierten, in den Wertorientierungen individualisierten Gesellschaft. Die Jugend steht von Kindheit an unter dem Einfluss außerfamiliärer Institutionen und Lebensräume. Dies ist in vielen Fällen unvermeidlich, wenn die Mutter aus finanziellen Gründen außerhäuslich arbeiten muss. Eine stark kollektivistische Ideologie strebt es als Ziel an, die Kinder möglichst bald außerfamiliären Betreuern und Betreuerinnen zu übergeben. Der zunehmende Ausfall der Familie als Ausfall der Glaubensweitergabe und die Auflösung des konfessionellen Milieus sind Hauptursachen der Tradierungskrise christlicher Sinngehalte.

Dazu kommt, dass mehr als die Hälfte auch christlicher Eltern nicht mehr daran interessiert sind, die Kinder religiös zu erziehen. Zudem leben immer mehr Väter, Mütter in Lebensverhältnissen und –formen, die der Weisung des Evangeliums, der Kirche, nicht entsprechen. Hier begegnet die religiöse Erziehung von vorneherein zusätzlichen Schwierigkeiten. Die Kirche und überzeugte Christen suchen zwar weiterhin, ihren Einfluss in den verschiedenen Lebensräumen geltend zu machen. In der pluralistischen Gesellschaft sind sie jedoch eine Minderheit. So setzt sich oft die Eigenlogik des jeweiligen Lebensraumes durch. Der Glaube ist nicht mehr in der Lage, die Ganzheitlichkeit des Lebens aufgrund des christlichen Menschenbildes zu durchdringen.

4. Der Wohlstand

Zunächst ist zu sagen: Der Wohlstand ist keineswegs allen geschenkt. So sind z.B. Eltern mit mehreren Kindern oft benachteiligt. Wenn und wo jedoch der Wohlstand zur Entchristlichung führt, wird man an die Worte Gottes beim Propheten Hosea erinnert: „Als sie satt waren, wurde ihr Herz überheblich, darum vergaßen sie mich“ (Hos 13,6). Es ist eigenartig: In der Not erinnern wir uns an Gott. Im Wohlstand denken viele nicht daran, Gott zu danken. Der Mensch, der nicht dankbar ist, Gott nicht dankt, ist unmenschlich, er wird ständig egoistischer, unersättlicher, materialistischer.

B) Innerkirchliche Gründe der Entchristlichung

Wenn wir verschiedene Gründe der Entchristlichung, die in der Kirche selbst liegen, ins Auge fassen, sind wir uns bewusst: Verantwortlich ist nicht die Kirche als solche, sondern sind katholische Christen, Gläubige und Hirten der Kirche. Also auch wir selber. Wir können nicht die Kirche gleichsam als Außenstehende anklagen. Der kritische Blick ist auch auf uns selbst zu richten. Wir müssen uns das Gebet des chinesischen Christen zu eigen machen:

„Herr, erwecke deine Kirche – und fang bei mir an!
Herr, baue deine Gemeinde – und fang bei mir an!"

Oder in der Volkssprache: „Kritik an der Kirche steht dir zu, doch diese Kirche, das bist du!"

1. Stärke der Organisation - Schwäche des Glaubens

Der Papst hat vor zwei Jahren, nach der Erhebung von vier Deutschen zu Kardinälen, an alle deutschen Kardinäle einen Brief über die Situation der Kirche in Deutschland geschrieben. Zunächst stellt der Papst eher sachlich, ohne besonderes Lob, fest, „dass die Kirche in Ihrem Land eine solide organisatorische Struktur besitzt und durch eine Vielzahl von Einrichtungen im öffentlichen Leben präsent ist".

Es folgen sehr ernste Worte über das Missverhältnis zwischen dieser Organisationsstärke und der gleichzeitigen Glaubensschwäche:

„Zugleich ist nicht zu übersehen, dass sich immer mehr Menschen vom aktiven Glaubensleben zurückziehen oder nur noch Teile des Evangeliums und der kirchlichen Lehre annehmen. Der fortschreitende Prozess der Säkularisierung und der damit verbundene Glaubensschwund droht die Kirche von innen her auszuhöhlen, so dass sie nach außen hin zwar stark erscheint, aber innerlich kraftloser wird und auch an Glaubwürdigkeit verliert. Ich möchte Sie deshalb bitten, Ihre vielfältigen Gaben in erster Linie dafür einzusetzen, dass der katholische Glaube in seiner Fülle und Schönheit mit neuem Elan verkündet wird.
... Wichtig erscheint mir in diesem Zusammenhang, dass die Bischöfe ermutigt werden, ihre persönliche Verantwortung für die katholische Lehre kraftvoll wahrzunehmen, auch und gerade in schwierigen Fragen, in denen sich die Gemeinschaft mit dem Nachfolger Petri und die Einbindung in die Weltkirche bewähren muss."

Kardinal Meisner hat diese religiöse, kirchliche Situation in Deutschland mit einem treffenden Vergleich charakterisiert. Die Kirche in Deutschland sei wie ein Auto mit einer riesengroßen Karosserie und mit einem viel zu schwachen Motor.

Die Russin Tatjana Goritschewa, früher Atheistin, dann überzeugte Christin, deshalb aus dem damaligen Russland ausgewiesen und dann im Westen lebend, hat schon vor 20 Jahren den Hirten der Kirche eine besondere Schuld an der Glaubenskrise im Westen gegeben, wenn sie schreibt:

„Seit ich im Westen lebe, ist mir klargeworden, dass die Glaubenskrise hier größtenteils daher rührt, dass es keine oder fast keine Geistlichen, keine echten Seelsorger mehr gibt, die wirklich heilen und guten Rat geben können, die wirkliche geistliche Autorität besitzen und JA bzw. NEIN in Vollmacht aussprechen können."

2. Zur Theologie

Die zukünftigen Hirten in der Kirche können nur dann geistliche Menschen sein, die den Glauben weitergeben, wenn sie entsprechend theologisch und geistlich ausgebildet werden. Deshalb spricht der Papst in dem erwähnten Brief an die Kardinäle von der Lehre der Theologie und der Ausbildung in den Priesterseminaren.

Um solche Ausbildung mühen sich auch heute gewissenhafte Theologen und Leiter von Priesterseminaren, in Treue zur Tradition, zum obersten Lehramt der Kirche und auch mit Blick auf die Fragen der Menschen von heute. In der jüngsten Vergangenheit und auch bis heute fehlte es jedoch nicht an Zweideutigkeiten, Unklarheiten, an Infragestellung des Glaubens in theologischen Büchern und Zeitschriften, wo dort doch Erklärung und Weitergabe des Glaubens stattfinden sollte.

Die Hl. Schrift, das Studium der Hl. Schrift ist, wie das Zweite Vatikanische Konzil sagt, „die Seele der heiligen Theologie“ (Dogmatische Konstitution über die göttliche Offenbarung, 24). In der Einstellung zur Hl. Schrift, im Verständnis und der Deutung der Hl. Schrift im Licht des Glaubens der Kirche unter Führung des Lehramtes entscheidet sich grundsätzlich, ob Theologie Glaubenswissenschaft, Theologie aus dem Glauben und für den Glauben ist.

Die Hl. Schrift ist Gotteswort im Menschenwort. Als beides ist sie ernst zu nehmen. Die historisch-kritische Methode untersucht die Hl. Schrift zunächst als Menschenwort. Sie fragt: Wer hat das betreffende Buch geschrieben und an wen, zu welcher Zeit, in welcher Absicht, unter welchen Umständen, in welchem Stil? Diese Untersuchung ist notwendig. Diese Methode wird jedoch zum Verhängnis, wenn sie verabsolutiert wird. Dann beurteilt sie alles, alle Worte und Geschehnisse der Hl. Schrift innerhalb der Möglichkeiten und Geschehnisse, wie sie im nur menschlichen Bereich vorliegen, in Analogie zu den Geschehnissen, von denen profane Geschichtsbücher berichten. Dann ist die Hl. Schrift nicht mehr Gotteswort. Nicht mehr Bericht über Worte und Geschehnisse, die Gott spricht und die er wirkt. Um konkret zu sprechen: Dann sind z. B. die Geburt Jesu aus der Jungfrau Maria – nicht als natürliches Kind Josefs und Marias – die Wunder Jesu, die Auferstehung Jesu und vieles andere nicht Tatsachen, sondern anders zu deuten und zu verstehen; z.B. als bloße Darstellungsmittel, um eine besondere Bedeutung Jesu hervorzuheben.

Solche Tendenzen finden sich in der protestantischen wie auch in der katholischen Theologie. Große Verwirrung, ja Zerstörung des Glaubens entsteht, wenn solche Ansichten von der Kanzel verkündet werden.

Hier liegen große Probleme und Gründe des Glaubensschwundes. Es gibt harte Urteile gegen diese Tendenzen. So schreibt ein Professor der Hl. Schrift, der sich diesen Tendenzen entgegenstellt:

„In der Theologie stimmt das meiste nicht. So kann man im Rückblick sagen: Der Kontakt katholischer Theologie mit der Exegese und Hermeneutik war notwendig und lehrreich. Doch er führte zu einer völlig unkritischen Übernahme der Ergebnisse und damit zu einem tendenziellen Ausverkauf. So konnte Kircheneinheit nicht gelingen... Das Ende war die schleichende Protestantisierung der katholischen Kirche und ein ökumenischer Scherbenhaufen, denn auf Dauer passt eben liberaler Protestantismus nicht so einfach zum katholischen Erbe. Und zur Bibel schon gar nicht."
(Klaus Berger. Sind die Berichte des Neuen Testamentes wahr? Gütersloher Verlaghaus: 2002, 32f).

3. Zur Predigt

Glaubensweitergabe geschieht keineswegs ausschließlich durch die Predigt im Gottesdienst. Sie geschieht auf vielfach andere Weise. Es kommt jedoch der Predigt nach wie vor eine große Bedeutung zu, wie auch der Katechese, dem Religionsunterricht. Wer mit der Verkündigung des Glaubens beauftragt ist, muss sich ständig prüfen, ob er durch seinen Dienst dem Glauben dient oder ob er mit seinen Worten die Entchristlichung mitverschuldet. Es ist Kanzelmissbrauch, wenn der Prediger statt des Glaubens private Zweifel, glaubensfremde oder gar glaubenzerstörende Thesen vorträgt, vor allem auch wenn er offen gegen das Lehramt der Kirche polemisiert. Seinem Auftrag wird auch nicht gerecht, wer nicht das Evangelium, den Glauben der Kirche zum ersten und wichtigsten Inhalt seiner Verkündigung macht, sondern ausweicht auf profane Themen wie Umweltschutz, soziale Fragen oder Darstellungen anderer Religionen, jedoch ohne Stellung zu ihnen zu nehmen. Solche Themen sind zweitrangig. Das zutreffende Urteil erfolgt aus dem christlichen Menschenbild und erst in zweiter Linie aus inneren Gesetzmäßigkeiten dieser Lebensgebiete. Ohne die Grundlage des christlichen Glaubens ist keine christliche Antwort möglich.

Dies gilt auch von der christlichen Moral, von der Lehre über das authentische sittliche Leben des Christen. Diese Lehre gehört zwar zum Inhalt des Evangeliums, sie ist aber nicht das erste Thema. Sie folgt aus den Wahrheiten des Glaubens. Ohne diese Grundlage fehlt ihr die eigentliche Begründung. Schon der Apostel Paulus verkündet in seinen Briefen zuerst das Geheimnis Christi, des Erlösers, und unseres Heiles durch Christus. Nur in der Folge und im Zusammenhang mit der Botschaft vom Heil durch Christus, zeigt er den Christen, was die Nachfolge Christi im sittlichen Leben beinhaltet. Das Dogma geht der Moral voraus. Das Dogma wurde treffend gerade für den heutigen Menschen so kurz formuliert: „Du bist von Gott geliebt!" oder „Du bist von Gott angenommen!" Die Folgerung für das sittliche Leben des Christen lautet: „Ich ermahne euch, ein Leben zu führen, das des Rufes würdig ist, der an euch erging" (Eph 4,1). Adel verpflichtet. Auch der Adel der Gotteskindschaft und der Gemeinschaft mit Christus. Eine Moral ohne vorausgehendes Dogma begründet nicht und motiviert nicht.

Bischof Joachim Wanke (Erfurt) schreibt:

„Unsere Verkündigung muss aus dem Geruch des Moralischen herauskommen."

Noch mehr daneben ist es, so sagt uns dieser Bischof, wenn wir meinen, den Menschen erst schlecht machen zu müssen, ihm seine Sündhaftigkeit vorhalten zu müssen, damit er zu Kreuze kriecht. Er schreibt:

„Theologisch gesehen, muss unsere Verkündigung einen anderen Weg gehen, als den, den Menschen erst kräftig 'schlecht' zu machen, ihn gleichsam erst 'mürbe' zu machen, um ihm damit den Weg des Christus-Heils zu zeigen. Wie müssen den Weg der Verkündigung Jesu gehen. Sündenbewusstsein ist Folge, nicht Ausgangspunkt des Evangeliums."

Jesus sagt dem Zöllner Zachäus zuerst: „Ich muss

heute in deinem Haus zu Gast sein.“ Zachäus, als Zöllner äußerst unbeliebt, wenn nicht sogar gehasst, nimmt Jesus freudig auf. Und nun regt sich sein Gewissen und er bekennt: „Vielleicht habe ich von jemanden zu viel Steuer verlangt“ (Lk 19, 1-10).

4. Glaubensfeier oder Glaubensverfälschung in der Liturgie

Wie man glaubt, so betet man. Wie man betet, so glaubt man. In der unverfälschten Liturgie findet der wahre Glaube und die Einheit der Kirche im Glauben ihren Ausdruck. In einer willkürlichen, subjektiv entstellten Liturgie dringen Glaubensschwund, Unklarheit im Glauben, Verwässerung des Glaubens, Anpassung an falschen Zeitgeist, Verweltlichung durch. Beliebigkeit und Willkür führen die Regie. Die willkürlich gestaltete Liturgie gefährdet, schwächt oder zerstört sogar den Glauben mancher, die an solchen Gottesdiensten teilnehmen. Anderen nehmen sie die Freude an der Liturgie.

Als Beispiel solcher Willkür und Beliebigkeit, Aushöhlung des Glaubens, ja Widerspruchs zum Glauben sei ein verändertes Glaubensbekenntnis angeführt, das in der Eucharistiefeier an die Stelle des Credos der Kirche treten soll bzw. getreten ist:

„Ich glaube an Jesus Christus, unseren Herrn.
Ich glaube, dass Jesus das autoritäre System durchbrochen hat und uns fähig macht, in Freiheit zu bestehen.
Ich glaube, dass Jesus ‚Gott' als einzige Autorität bezeugt.
Ich glaube, dass Jesus für die Veränderung der Verhältnisse eintrat, die Tradition durchbrach, die alttestamentlichen Vorschriften um des Menschen willen verachtete und darum gegen religiöse Erlasse verstieß.
Ich glaube nicht, dass Jesus eine etablierte Kirche wollte, mit Paragraphen und Verwaltungsordnungen, mit Bischöfen, Kirchenräten und Juristen.
Ich glaube an Jesus Christus, unseren Herrn, der mit außergewöhnlichen Mitteln die Welt veränderte. Er solidarisierte sich mit den gewöhnlichen Leuten – er machte keine Karriere. Er litt unter der Ungerechtigkeit der Zustände – er wich ihr nicht aus. Er starb am Unverständnis der herrschenden Kirche – er arrangierte sich nicht mit dem Establishment."

(Bleistein. Die jungen Christen und die alte Kirche, Herderbücherei Band 547 (1975), 30).

In diesem Glaubensbekenntnis wird das Verhältnis Jesu zum Alten Testament und zur Kirche völlig verfälscht. Vor allem wird der Glaube der Kirche total entleert.

Es geht nicht mehr um das Geheimnis des dreifaltigen Gottes; der Vater und der Heilige Geist werden in keiner Weise genannt. Es geht nicht mehr um Tod und Auferstehung Christi; um die hohe Bestimmung des Menschen, um die Erlösung von der Sünde, um die große Zukunft im ewigen Leben und in der Auferstehung der Toten. Wir stehen vor der totalen Verweltlichung des Christentums, dem totalen Ausverkauf. An die Stelle des Glaubens tritt ein antiautoritäres Programm, wie es schließlich auch ein atheistisches, kommunistisches System verkündet. Hier erreicht die Entchristlichung, die Verweltlichung, die Säkularisierung einen absoluten Höhepunkt. Ein solcher angeblicher Glaube macht sich völlig überflüssig. Ein derart verweltlichtes Christentum hat den Menschen nichts zu sagen. Es schwimmt unbedenklich mit der Säkularisierung.

5. Mangelnde Buße – Anklagen – Spannungen

Der Christ muss ständig den Weg der Umkehr, der Buße gehen, um seinem Christsein treu zu bleiben und nicht der Entchristlichung zu verfallen. Der gottlose Mensch ist selbstgerecht. Der Christ ist seiner Sündhaftigkeit bewusst und weiß, dass er stets der Erneuerung bedarf. Ein solcher Christ ist ein Zeichen Gottes für die selbstgerechte Welt. „Der Anblick eines bekehrten Menschen ist das zwingendste und zugleich leiseste und entwaffnendste Argument“ (Newman). Dieses Zeugnis und Argument ist in der westlichen Christenheit weithin verdunkelt. Buße wird zumeist nur noch in der schon falsch gestellten Frage „Bußgottesdienst oder Einzelbeichte?“ erwähnt. Damit geht das Wissen um die Umkehr, die Buße als dauernde Aufgabe des ganzen Lebens verloren. In den meisten Gemeinden finden heute Bußgottesdienste statt, während der Empfang des Bußsakramentes zur Seltenheit geworden ist. Es wurde versäumt, die jeweilige Eigenart von Bußgottesdienst und Einzelbeichte und ihr gegenseitiges Verhältnis deutlich aufzuzeigen. Die Verwirrung wird deutlich, wenn Gläubige sagen: „Meine letzte Beichte war der Bußgottesdienst.“ Die Art und Weise, wie früher manchmal das Bußsakrament gespendet und empfangen wurde, mag in dem und jenem problematisch gewesen sein, was jedoch nicht mit dem Wesen dieses Sakramentes zusammenhängt. Die meisten Beichtenden bekannten, wenn auch vielleicht mit einem formelhaften Schuldbekenntnis, doch grundsätzlich: Ich bin Sünder.

An die Stelle der Selbstanklage ist nun größtenteils auch innerhalb der Kirche die Anklagementalität getreten, die Anklage der anderen. Die Selbstanklage nach dem Beispiel des Zöllners ist ein Wesensbestandteil des christlichen Lebens. Die Anklage der anderen als „Räuber, Betrüger, Ehebrecher“ ist pharisäisch und unchristlich (Lk 18, 9-14). Die Anklage in der heutigen Kirche kommt von verschiedenen Klägern und richtet sich an unterschiedliche Angeklagte. Weitverbreitet ist die Anklage gegen den Papst und den sogenannten römischen Zentralismus. Theologen und Laien klagen Bischöfe an, die in ihren Augen konservativ sind. Heftige Anklagen gehen zwischen Theologen hin und her. Laien klagen die einen Priester wegen konservativer, andere Priester wegen fortschrittlicher Haltung an. Diese Anklagen richten auch Laien gegeneinander. Diese oft überzogenen und zudem unaufhörlichen Anklagen fügen dem Glauben, der Glaubensfreude in der Kirche und der Glaubwürdigkeit der Kirche in der Öffentlichkeit großen Schaden zu. Sie fördern den Glaubensschwund, die Entchristlichung.

Zumeist nicht um Glaubenswahrheiten, sondern um Fragen der Kompetenz, der Zuständigkeit und der Befugnisse geht es in der weitverbreiteten Spannung zwischen der Hierarchie (Papst, Bischöfe, Priester) und den sogenannten Laien. Das Wort „Laie“ ist unglücklich, denn es hat den Beigeschmack von „unwissend, unkundig“ bekommen. Die Spannungen betreffen Fragen der Liturgie, der Seelsorge, aber auch grundsätzliche Fragen der Struktur der Kirche sowie der Moral, z.B. der Beratung schwangerer Frauen. Während das Lehramt der Kirche die Ausstellung des Beratungsscheines, der nach dem staatlichen Gesetz zur straflosen Abtreibung des Kindes berechtigt, verbietet, hält das Laiengremium, das Zentralkomitee der deutschen Katholiken an dieser Praxis fest (Donum vitae). In der Spannung spielen oft auch Überempfindlichkeiten eine große Rolle.

Von den gegenseitigen Anklagen der Konservativen und Progressisten war schon die Rede. Das Thema muss nochmals angesprochen werden unter dem Gegensatz „*Fundamentalisten – Progressisten*". Diese Spannung besteht sowohl in der katholischen als auch in der evangelischen Kirche. Die Anklage „Fundamentalist/Fundamentalismus" ist zu einer vagen Anklagekeule geworden. Zu Unrecht wird sie geschwungen gegen den Christen, der an dem unaufgebbaren Grundbestand der Wahrheiten und wesentlichen sittlichen Normen (Fundamente) festhält. In einem anderen Sinn ist Fundamentalist der Christ, der sich der Auseinandersetzung mit der Moderne und mit dem Pluralismus der Meinungen verweigert, nicht Wahr und Falsch im Licht des Glaubens unterscheidet, nicht das bleibend Gültige trennt von dem, was geändert werden kann und eventuell geändert werden muss. Dieser Fundamentalist ist im tiefsten unsicher. Er klammert sich unterschiedslos an die Vergangenheit, dies gerade auch in praktischen Fragen wie z. B. der Sprache und gewisser Formen der Liturgie. Hinter seiner Haltung steht zumeist ein psychologisches Problem, ein unsicherer, unbeweglicher, zugleich geltungssüchtiger, rechthaberischer Charakter. Dies kann auch den Progressisten kennzeichnen, eine unerleuchtete Neuerungssucht. Sowohl der Fundamentalist wie der Hyperprogressist sind auf der Flucht, der erstere nach rückwärts, der zweite nach vorwärts.

Die Anklagementalität und die unsachlichen Spannungen widersprechen dem Christsein. Nach Paulus zählen zu den Werken des „Fleisches", d.h. des unerlösten, irdisch gesinnten Menschen: Feindschaft, Streit, Spaltungen, Parteiungen (Gal 5, 19f). Christus erbittet für die Seinen die Einheit, durch die sie Zeugnis geben für Ihn und Seine Botschaft. Die Uneinigkeit ist Ärgernis für die Welt und Ursache der Entchristlichung.

III. Wiederverchristlichung (Rechristianisierung)

Die Situation des christlichen Glaubens, der Kirche in Deutschland ist äußerst ernst. Die Weisung Christi an seine Jünger, zu allen Völkern zu gehen, alle Menschen zu seinen Jüngern zu machen, gilt für alle Zeiten; auch für unsere Zeit – auch für Deutschland. Vielleicht denken wir bei der Weisung Jesu noch zu rasch nur an die Mission in den überseeischen Ländern, denen das Evangelium noch nicht verkündet ist oder die noch in den Anfängen der Berührung mit dem Christentum stehen. Wir müssen uns darüber klar sein, dass auch Deutschland Missionsland geworden ist.

Die Missionierung, Wiederverchristlichung, ist nicht der Auftrag nur an die Bischöfe, die Priester, andere hauptamtlich mit der Seelsorge Beauftragte, sondern an alle Gläubige. Alle sind berufen, Glaubenszeugen zu sein. „Wenn die einzelnen Glaubenszeugen gleichsam als Zahnräder fehlen, läuft die kirchenamtliche Maschinerie auf Volldampf im Leerlauf“ (Andreas Püttmann). Im allgemeinen Gewissenspiegel (früher Beichtspiegel) im Gotteslob Nr. 62/1 sollen wir uns fragen: „Habe ich mich bemüht, für den Glauben Zeugnis abzulegen und ihn auch anderen nahezubringen?“ Die Pflicht von uns allen zur Neuevangelisierung. Neuevangelisierung, weil wir in einem Land wohnen und leben, in dem das Evangelium vor vielen Jahrhunderten verkündigt wurde und durch Jahrhunderte wirksam war, in dem es jedoch nun entweder vergessen oder durch unchristliche Ideologien und unchristlichen Zeitgeist verdrängt ist.

1. Der Papst und die Neuevangelisierung

Seit Jahren wird der Papst nicht müde, den katholischen Christen das dringende Anliegen der Neuevangelisierung ans Herz zu legen. In seinem apostolischen Schreiben „Zu Beginn des neuen Jahrtausends“ (Novo millennio ineunte) vom 6. Januar 2001 als Rückblick auf das Heilige Jahr 2000 und Vorausblick auf die Zukunft schreibt er:

„Unzählige Male habe ich in diesen Jahren den Aufruf zur Neuevangelisierung wiederholt. Ich bekräftige ihn jetzt noch einmal... Wir müssen uns die glühende Leidenschaft des hl. Paulus zu eigen machen, der ausrief: ‚Weh mir, wenn ich das Evangelium nicht verkünde!‘ (1Kor 9,6).“

Der Papst ist sich bewusst, dass die Neuevangelisierung eine schwierige Aufgabe ist. Den deutschen Bischöfen hat er schon 1988 bei ihrem Rombesuch gesagt: „Schreckt vor dem schwierigen Werk sogar einer Neuevangelisierung eurer Heimat nicht zurück."

Ähnlich hat er sich in dem nachsynodalen Apostolischen Schreiben über die Berufung und Sendung der Laien in Kirche und Welt (30. Dez. 1988) geäußert:

„Die Kirche muss ihre missionarische Kraft erneuern. Ihr ist eine anspruchsvolle und herrliche Aufgabe anvertraut, nämlich die einer neuen Evangelisierung, deren die Welt heute dringend bedarf."

Die Versuchung ist groß, sich dieser Aufgabe wegen der Schwierigkeiten nicht zu stellen, wenn nicht sogar sie gar nicht zu sehen. Es ist die Versuchung zur „Selbstgenügsamkeit oder Strategie des Einigelns" (M. Ebertz). Man lässt alles beim Alten. Man sieht es in allem als zeitlos gültig an. Man klammert sich sogar um so fester an alle althergebrachten Wege und Methoden der Seelsorge. Man schließt die Augen vor den neuen Fragen, Lebenssituationen und Schwierigkeiten der Menschen heute.

Eine andere Versuchung, der Forderung echter Neuevangelisierung auszuweichen, ist die „Selbstregulierung oder die Strategie des Durchwurstelns" (M. Ebertz). Man ahnt die Notwendigkeit neuer Wege und Methoden in der Seelsorge. Man meint jedoch, mit der Umstellung äußerer Methoden (z.B. kirchliche Presse, Angebote von Tagungen, Veranstaltungen) sei schon genügend getan. Man sieht nicht oder will nicht sehen, wie die Aufgabe der Neuevangelisierung zuerst die Umkehr, Glaubenserneuerung des Einzelnen, d.h. die Selbstevangelisierung erfordert und dann neue Formen der Zusammenarbeit in der Gemeinde und nach außen. Man stößt nicht in die Tiefe vor.

2. Von Person zu Person

Es sei zuerst und vor allem die Evangelisierung von Mensch zu Mensch genannt. Dies bewahrt uns vor der Versuchung, die Neuevangelisierung von vornherein auf kirchliche Institutionen abzuschieben und uns so von dieser Pflicht zu dispensieren.

Wer muss bei der Neuevangelisierung angesprochen werden? Der Adressat der Neuevangelisierung ist gewiss auch die Öffentlichkeit, die z.B. durch die Presse angesprochen werden kann. Auch an Gruppen von Menschen kann sich die Verkündigung richten. Neuevangelisierung muss jedoch heute vor allem so erfolgen, wie die erste Evangelisierung geübt wurde: vom gläubigen Christen zum einzelnen Mitmenschen. So hat Paulus als Missionar und Seelsorger gewirkt. In der Abschiedsrede an die Leiter der

Gemeinde von Ephesus sagt er: „Denkt daran, dass ich drei Jahre lang Tag und Nacht nicht aufgehört habe, unter Tränen jeden einzelnen zu ermahnen“ (Apg 20, 31). Den Thessalonichern schreibt er: „Ihr wisst auch, dass wir, wie ein Vater seine Kinder, jeden einzelnen von euch, ermahnt, ermutigt und beschworen haben zu leben, wie es Gottes würdig ist, der euch zu seinem Reich und zu seiner Herrlichkeit beruft“ (1 Thess 2, 11f).

Die Hinwendung zum Einzelnen ist nicht allein Sache des Apostels, heute des Priesters. Sie war von Anfang an gerade auch Sache der Laien. Das Christentum kam zu den Menschen oft durch christliche Kaufleute, Soldaten, Eheleute, Frauen. Es ist auch der Auftrag der Gemeinschaften, der Pfarrgemeinden, der Diözesen, der obersten Hirten der Kirche, das Evangelium zu verkünden. Es ist jedoch sehr zu bedenken, was ein Theologe unserer Tage (Andreas Püttmann) schreibt:

„Glaube wird nur durch Gläubige weiterverbreitet, die andere anstecken mit ihren Hoffnungen und Erfahrungen, ihrem Suchen und Vertrauen.“

Derselbe Theologe zeichnet ein wenig positives Bild, wenn er schreibt:

„Die große Mehrheit der Christen folgt im Glauben

der Devise: „‚Bloß nicht weitersagen!' Man könnte anderen ja zu nahe treten. So ist das Glaubensleben in den Sog des totalen Rückzugs ins Private geraten ... Welcher katholische Christ ‚wagt' es heute noch, bei dem Tischgebet vor dem Essen in der Mensa, Kantine oder Restaurant daran erkannt zu werden, dass er das Kreuzzeichen macht? Wer von uns spricht bei der Wochenendplanung im Freundeskreis oder bei der Programmplanung auf Seminaren und Gruppenreisen noch ganz offen seinen Wunsch aus, dass auch Zeit für den Gottesdienstbesuch reserviert werde? Wer tritt abfälligen Bemerkungen über Glaube und Kirche mutig entgegen, wenn er damit die ‚Harmonie' zu verletzen droht? Wer sucht das Gespräch über Gott mit Atheisten oder Agnostikern in seinem Bekanntenkreis?" (in: Lebendige Seelsorge 45 (1994) 240).

Hinter dem fehlenden Willen zum Glaubenszeugnis steht nicht selten die falsche Auffassung von Religionsfreiheit, wie wenn deshalb Gott, Christus, die Kirche nie Thema des Gesprächs sein dürften. Religionsfreiheit besagt vielmehr, auf niemanden darf Druck ausgeübt werden, den Glauben anzunehmen oder seiner Überzeugung abzuschwören. Niemand darf gehindert werden, seine Religion auszuüben, außer er störe den öffentlichen Frieden. Keineswegs verbietet die Religionsfreiheit, dem Mitmenschen den eigenen Glauben darzulegen und nahezulegen.

Dazu gehört allerdings viel Klugheit und Takt, das Gegenteil von Aufdringlichkeit. Manchmal ist Schweigen klüger und es sagt sogar mehr als Reden, wenn z.B. bei einem Angriff auf den Glauben, die Kirche die Angreifer gehässig und unzugänglich für objektive Argumente sind.

Das Glaubenszeugnis geschieht oft mehr durch das Beispiel des Lebens als durch Worte. Christliche Eheleute, die ein Leben lang treu zusammenleben, auch trotz mancher Schwierigkeiten, die ein harmonisches Familienleben führen, sind ein deutliches Zeugnis für die christliche Auffassung von Ehe und Familie auf der Grundlage des Glaubens. Allerdings muss der Glaube im rechten Augenblick auch in seinem Inhalt dargetan werden.

3. Seelsorgliche Hausbesuche

Mit der Evangelisierung von Mensch zu Mensch hat der seelsorgliche Hausbesuch vieles gemeinsam. Er unterscheidet sich dadurch, dass er geplant wird und in gewisser Hinsicht amtlichen Charakter hat, während das erstere eher spontan geschieht.
Der seelsorgliche Hausbesuch ist ein wichtiges Element der amtlichen Seelsorge und wird auch heute den Seelsorgern ans Herz gelegt (Kirchliches Gesetzbuch Can. 529). Angesichts der religiösen Lage

scheint er besonders dringlich. Zugleich ist er aber erschwert, weil der Priestermangel die Priester, denen oft mehrere Pfarreien anvertraut sind, daran hindert, dieser Pflicht nachzukommen. Es tut sich ein weites Einsatzgebiet für die Laien auf.
Wir stehen vor großen Fragen. Sind Laien in großer Zahl zu diesem Dienst bereit? Werden sie als Vertreter der Kirche angenommen?

Der seelsorgliche Hausbesuch setzt oft genaue theologische und kirchenrechtliche Kenntnisse voraus. Der Besucher trifft heute auf sehr unterschiedliche Menschen, nicht nur auf Gläubige, bei denen er willkommen ist. Er muss zuerst aufmerksam zuhören, was die Menschen ihm sagen. Um einige mögliche Besuchte zu erwähnen: den kritisch Aggressiven muss man mit Ruhe begegnen, ihre Kritik grundsätzlich ernst nehmen und die Grenzen aufdecken. Bei den Gleichgültigen muss man sich bemühen, die im tiefsten verborgenen, existentiellen Nöte, die Enttäuschungen, Verunsicherungen aufzuspüren und im Gespräch aufzuarbeiten. Die Suchenden sind nicht selten enttäuscht, weil sie in der Kirche nicht wirkliche Heimat gefunden, sie als bürokratisch und anonym empfunden haben, die Predigt nicht auf ihre Fragen geantwortet hat. Vielleicht sind sie schon auf Suche nach anderen Religionen gegangen, ohne sich im pluralistischen Angebot zurechtzufinden.

Viele Fragezeichen stehen hinter dem seelsorglichen Hausbesuch. Und doch ist er von größter Bedeutung in dem Bemühen um Wiederverchristlichung.

Eine beachtliche Ergänzung zum Thema der seelsorglichen Hausbesuche bietet die Pfarrei Laupheim (Diözese Rottenburg-Stuttgart). Sie hat zweimal in den Wochenblättern des Bezirks eingeladen zu einer Gelegenheit, den katholischen Glauben in einem mehrwöchigen Kurs kennenzulernen. Ort des Kurses: das kath. Gemeindehaus. Die Teilnehmer sind ein Hinweis, welche Menschen der Seelsorger, Priester, Diakon oder Laie auch beim Hausbesuch antreffen kann. Bei dem Kurs waren: eine Frau, die wieder in die Kirche aufgenommen werden wollte; ein Mann, der sich von der Kirche trennen wollte; ein von der Kirche Enttäuschter; ein Handelsvertreter, der einen Lebenssinn suchte; eine Frau, die gefirmt werden wollte; zwei Suchende, die bewusster glauben und leben wollten; ein Mädchen, das sich im Glauben informieren wollte, um dem Freund Rede und Antwort stehen zu können; zwei Vietnamesen und eine Aussiedlerin aus Kasachstan, die getauft werden wollten (Näheres in: Lebendige Seelsorge 45(1994) 261-263).

4. Präevangelisation

Im Zeugnis für den Glauben durch das Leben geschieht in manchen Fällen nicht schon eigentliche Glaubensverkündigung, sondern Vorbereitung, Ermöglichung der ausdrücklichen Weitergabe des Glaubens. Der Glaubenszeuge erweist sich zunächst als glaubwürdig. Die Apostel und auch andere heilige Glaubensboten haben sich durch Wunder als glaubwürdig ausgewiesen. Wir erweisen uns als glaubwürdig durch „die vom christlichen Glauben vermittelten Werte wahrer Menschlichkeit“ (Papst Johannes Paul II.). Solche Werte sind Güte, Hilfsbereitschaft, Entgegenkommen, Einfühlungsvermögen, Friedfertigkeit, Versöhnlichkeit, Geduld und Festigkeit in Heimsuchungen und im Unglück. „Seid gut und man wird euch glauben“ lautet ein Sprichwort. Es geht ja auch uns so: Wenn wir einem ganz gütigen Menschen begegnen und seine Hilfe erfahren, spüren wir etwas von der Güte Gottes. Umgekehrt, wenn wir lieblos, ungerecht behandelt werden, kann es uns schwer fallen, den Weg zu Gott zu finden. Wir empfinden Gott als abwesend.

Wenn ich den Mitmenschen ernst nehme, dann nimmt er eher sich selber ernst, auch in seiner Bestimmung für Gott. Wenn ich einem Mitmenschen durch Zuwendung einen Sinn des Lebens gebe, dann sucht eher er auch selbst einen Sinn seines Lebens.

Wenn er durch meine Güte, meine Hilfe wenigstens eine kleine Erfahrung einer heilen Welt macht, ist er eher empfänglich für die Botschaft vom Heil durch Jesus Christus.

Der Unterschied zwischen Präevangelisation und eigentlichem Glaubenszeugnis ist allerdings fließend. Ein Verhalten eines Christen kann schon beides sein.

Zwei Beispiele mögen das Gesagte verdeutlichen:

Die nun heiliggesprochene Edith Stein, als Karmelitin Schwester Theresia Benedikta vom Kreuz, hatte als junger Mensch ihren jüdischen Glauben völlig aufgegeben. Sie war Atheistin geworden, glaubte nicht mehr an Gott. Sie war sehr befreundet mit dem Ehepaar Adolf und Anna Reinach. Der Ehemann Adolf Reinach ist im Ersten Weltkrieg gefallen. Edith Stein musste die nun verwitwete Anna Reinach besuchen. Sie hatte Hemmungen vor diesem Beileidsbesuch. Wie würde sie die Witwe antreffen? Was sollte sie als Atheistin ihr sagen? Zu ihrer großen Überraschung traf sie ihre Freundin zwar in großem Schmerz über den Verlust ihres Gatten an, aber zugleich gefasst, ergeben in den geheimnisvollen Willen Gottes, getröstet durch ihren Glauben an Christus, an das Evangelium, an die Verheißung des ewigen Lebens. Nicht sie, Edith Stein, hatte der Witwe viel gegeben durch ihren Besuch, sondern die

Witwe ihr. Edith Stein schrieb darüber: „Es war der Augenblick, in dem mein Unglaube zusammenbrach und Christus mir aufstrahlte im Geheimnis des Kreuzes."

Das andere Beispiel: In einem Missionsland war das Kind christlicher Eltern gestorben. Diese waren trotz des großen Schmerzes bei der Beerdigung des Kindes am offenen Grab gefasst. Ein Nichtchrist hatte diesen Starkmut, dieses geheimnisvolle Getröstetsein der Eltern des Kindes beobachtet. Es war ihm aufgefallen. Er sagte ihnen dann: „Ich weiß, dass ihr Christen weiter seht."

5. Voraussetzungen und Wege der Neuevangelisierung

Wenn wir nun in einigen wichtigen Gesichtspunkten ins Auge fassen, wie der einzelne Christ, aber auch die Gemeinschaft der Christen, leben und in Erscheinung treten müssen, um evangelisieren zu können und zu evangelisieren, wird deutlich: Die Selbstevangelisierung, d. h. die ständige Vertiefung des Glaubens im eigenen Herzen und in der Gemeinschaft und die Evangelisierung der Mitmenschen der Umwelt hängen engstens zusammen. Sie stehen und fallen miteinander. Püttmann hat dies treffend aufgezeigt (in: ‚Lebendige Seelsorge' 45

(1994) 50-55). Wir gehen aus von seinen Ausführungen. Er zitiert das Stuttgarter Schuldbekenntnis der Evangelischen Kirche nach dem Ende der Dritten Reiches. In diesem Bekenntnis beklagten die Vertreter der EKD, „dass wir nicht mutiger bekannt, nicht treuer gebetet, nicht fröhlicher geglaubt und nicht brennender geliebt haben".
Mutig bekennen – treu beten – fröhlich glauben – brennend lieben. Dies sind die Voraussetzungen und Wege der Neuevangelisierung heute.

Mutig bekennen Davon war schon im Vorhergehenden die Rede. Wir müssen die Bekenntnisangst, die Bekenntnisunlust, die Bekenntnisträgheit überwinden.

Treu beten Der Glaube ist Gnadengeschenk von oben. Er will erbeten sein. Wir müssen für uns beten, Gott möge uns im Glauben erhalten, unseren Glauben stärken und vertiefen. Dass Gott die Herzen, die dem Glauben noch verschlossen sind, diesem Licht von oben öffne, muss unser großes Gebetsanliegen sein. Der Papst schreibt in dem schon erwähnten Apostolischen Schreiben zum Anfang der 3. Jahrtausends:

„Der Heilige Geist ist auch für unsere Zeit die Hauptkraft der Neuevangelisierung. Es wird alles darauf ankommen, den Geist als den wiederzuentdecken, der im Laufe der Geschichte das Reich Gottes aufbaut und seine Offenbarung in Jesus Christus dadurch vorbereitet, dass er die Menschen innerlich anregt und im menschlichen Erleben die Keime der endgültigen Rettung, die am Ende der Zeiten eintreten wird, aufgehen lässt."

Das Wirken des Heiligen Geistes auch in unserer Zeit ist der Grund unserer Hoffnung, dass die Entchristlichung nicht endgültig ist und dass Wiederverchristlichung zuerst in der Hand Gottes liegt. Dies mahnt uns sehr zum Gebet, dispensiert uns aber nicht von unseren Anstrengungen.

Fröhlich glauben Das Reich Gottes ist Friede und Freude im Heiligen Geist. Freude ist eine Gabe des Heiligen Geistes (Gal 5, 22). Freude ist die Welt Gottes. Dagegen ist nach Worten Luthers der Teufel der „Geist der Traurigkeit", weil Traurigkeit das Zeichen der Trennung von Gott ist. Wir können für Gott Zeugnis geben, wenn wir Glaubensfreude haben und spontan ausstrahlen. Auch Liebe und Freude hängen zusammen. Lieben und Freude bereiten sind dasselbe. Der mit Gott Verbundene schenkt Freude schon durch menschliche Zeichen der Liebe. Dies ist nach dem seligen P. Rupert Mayer „ein wunderschönes Apostolat, den armen Menschen ein Freudenbringer zu sein. So allein kann man die Menschen auch wieder Gott näher bringen. Und da braucht man noch

gar nicht davon zu sprechen. Ein solches Beispiel genügt und kann Wunder wirken." Als Zeichen der Liebe, die im letzten aus dem Glauben kommt, nennt er: „Ein lieber Gruß, ein freundliches Wort, ein herzliches Zunicken, ein stilles Zurücktreten zugunsten anderer, ein tapferes Hinunterschlucken eines harten Wortes – nützen wir diese Gelegenheiten!"
In allen Formen atheistischer Diktaturen herrscht das eisige Klima der Freudlosigkeit, der Verbitterung, der Verzweiflung.

Brennend lieben Zunächst Liebe innerhalb der Gemeinde. Öffentlich zur Schau getragene Uneinigkeit beschädigt die Glaub- und Vertrauenswürdigkeit. Die Gemeinden dürfen sich angesichts der religiösen Gesamtlage, der religiösen Versteppung unseres Landes nicht um zweitrangige Dinge streiten anstatt sich auf die Weitergabe des Glaubens zu konzentrieren.
Liebe allen Suchenden, Fernstehenden, auch Ablehnenden, mit der Kirche und den Geboten Gottes im Konflikt Liegenden gegenüber. Pharisäische Selbstgerechtigkeit und Geringschätzung der anderen ist das Gegenteil von Weitergabe des Glaubens.

Der heilige Paulus schreibt von sich:

„Den Gesetzlosen war ich sozusagen ein Gesetzloser – nicht als ein Gesetzloser vor Gott, sondern gebunden an das Gesetz Christi – , um die Gesetzlosen zu gewinnen. Den Schwachen wurde ich ein Schwacher, um die Schwachen zu gewinnen. Allen bin ich alles geworden, um auf jeden Fall einige zu retten" (1Kor 9, 21f).

Christus selbst wurde als Freund der Sünder und Zöllner geschmäht. Er hat nicht ihre Sünde gutgeheißen, aber er hat sich mit ihnen an den Tisch gesetzt, um ihnen die Liebe Gottes zu zeigen und sie so zum Vater zu führen.

6. Gemeinsame Evangelisierung in Richtung Öffentlichkeit - Orte der Begegnung

In unseren bisherigen Überlegungen stand vor allem die Evangelisierung von Person zu Person, vom Christen zum Mitmenschen im Blickfeld. Darüber darf die Begegnung der Gemeinschaft der Christen, der Kirche, mit den Menschen nicht vergessen werden. Die Kirche muss als solche, d.h. als Gemeinschaft, das Heilswerk Christi fortsetzen und sich in aller Öffentlichkeit an die Gesellschaft wenden.

Christus wohnte nicht an einem fixen Ort, wo die Menschen ihn aufsuchen konnten. „Jesus zog durch alle Städte und Dörfer, lehrte in ihren Synagogen, verkündigte das Evangelium vom Reich und heilte alle Krankheiten und Leiden“ (Mt 9, 35). Er suchte die Menschen dort auf, wo sie lebten. „Der Menschensohn ist gekommen, um zu suchen und zu retten, was verloren ist“ (Lk 19, 10). Die Apostel, vor allem Paulus, waren unermüdlich auf dem Weg zu den Menschen. Diesen Weg muss die Kirche zu allen Zeiten gehen, gerade auch in unserer Zeit, in der die meisten Menschen nicht mehr zu ihr gehen. Da muss sie zu ihnen gehen.

Wo trifft sie die Menschen? Früher war die Pfarrgemeinde, die Pfarrkirche mit dem Pfarrhaus der Ort der Begegnung. Die Menschen gingen zu diesem Mittelpunkt. Sie lebten fast alle in dem Bezirk der Pfarrgemeinde. Jetzt ist es anders. Die Menschen sind mobil. Sie arbeiten zumeist außerhalb ihres Wohnortes, sie verbringen ihre Freizeit nicht zuhause. Sie sind auch geistig mobil, fühlen sich nicht wie früher mit der Pfarrgemeinde verbunden, schon manche sogenannte Pfarrangehörige nicht, um so weniger die der Kirche so oder so Fernstehenden. Die Kirche muss dem mobilen Menschen nachgehen; ihn dort suchen, wo er heute ist. Die Pfarrgemeinde ist allerdings von großer Bedeutung und wird es bleiben. Aber zugleich muss die Kirche heute Kirche des Weges sein. Mit anderen Worten: Zur Gemeindepastoral muss die Kommunikationspastoral kommen, d.h. die Seelsorge, die Verbindungen mit den Menschen dort sucht, wo sie heute sind. Folgendes im Anschluss an M. Ebertz.

Man unterscheidet Begegnungsräume, die kirchlichen Charakter haben von den außerkirchlichen. Zu den ersteren gehören z. B. Autobahnkirchen, Wallfahrtsorte, Bildungsstätten, Akademien, Telefonseelsorge. Es sind viel mehr Menschen, selbst aktive Christen und auch Suchende, Fernstehende, denen die Kirche an diesen Orten begegnet, als die Mit-der-Pfarrei-Verbundenen. Außerkirchliche Begegnungsstätten sind z. B. Schulen, Krankenhäuser, Kasernen, Tourismuszentren, Campingplätze. Die Evangelisierung an all diesen Orten ist nicht nur Sache des einzelnen Christen, sondern der Gemeinschaft, der Kirche, der Diözese, des Pfarrverbandes. Alle müssen zusammenstehen und diese Aufgaben der Neuevangelisierung mittragen. Seelsorge kann nicht nur Pfarrseelsorge sein. Es steht der heutigen Aufgabe der Neuevangelisierung im Weg, wenn eine Pfarrei ausschließlich auf ihrem Eigendasein beharren wollte.

Von den außerkirchlichen Orten der möglichen Neuevangelisierung seien noch die Politik und die Presse genannt. Der Politiker ist nicht Beauftragter der Kirche, aber er ist nicht Politiker und getrennt davon Christ. Er darf die Grundsätze der christlichen Moral nicht abstreifen in seinen Entscheidungen. Diese Grundsätze sind zudem weithin Grundsätze des allgemeinen, menschlichen und sittlichen Naturgesetzes. Der Christ als Politiker steht im Rampenlicht der Öffentlichkeit. Darum ist sein Handeln von besonderer Bedeutung innerhalb der Kirche und der ganzen Bevölkerung. Er hat eine größere Möglichkeit, auf die Wiederverchristlichung hinzuwirken. Wollte er die christlichen, moralischen Grundsätze nicht vertreten, machte er sich der Mithilfe zur Entchristlichung schuldig.

Die Presse und die anderen Kommunikationsmittel (Radio, Fernsehen, Internet) sind eine, wenn nicht die heutige Großmacht. Die Medien prägen die Einstellung der Menschen auf allen Gebieten, auch in der Frage nach Gott, nach Christus, im Urteil über die Kirche und ihre Antworten auf die gesellschaftlichen, sozialen, sittlichen Probleme. Die Christen haben die Pflicht, sich nicht nur in den kirchlichen Medien zu Wort zu melden, sondern sich um die Gelegenheit zur Meinungsäußerung auch in den außerchristlichen Medien zu bemühen, unchristlichen und christentumsfeindlichen Meinungen entgegenzutreten, mit Kompetenz den Glauben und die Antwort des Glaubens auf die Fragen des Lebens darzulegen. Es ist nicht ein Weg zur Wiederverchristlichung, sondern Mithilfe zur Entchristlichung, wenn Christen in den Medien sich gegenseitig bekriegen, und zwar nicht in Fragen, in denen man verschiedener Meinung sein kann, sondern in wesentlichen Grundlagen des Christentums.

Es sei auf eine konkrete Möglichkeit des Zeugnisses für das Christentum hingewiesen, die nicht nur Theologen und anderen Fachleuten zur Verfügung steht. In Leserstimmen können die Christen in Zeitungen und Zeitschriften aus der Sicht des Glaubens und der christlichen Sittenlehre zu vielen Fragen Stellung nehmen. Leserstimmen besagen mehr, wenn sie nicht von Einzelnen, sondern von Gremien stammen. Hier tut sich ein weites Feld zur Neuevangelisierung z. B. für Pfarrgemeinderäte und andere Räte auf.

Kardinal Meisner hat in einer Predigt sein Bedauern ausgesprochen, dass die authentische Stimme von Christen im deutschen Pressewald wenig zu hören sei.

7. Vielsagende Initiativen

Die Seelsorge heute darf in keiner Weise nur Betreuung der mit der Kirche treu verbundenen Restgemeinde sein. Sie muss auch die im Auge haben, die in unterschiedlicher, wenn auch sehr lockerer Weise, suchend, vielleicht auch sogar erwartend auf die Kirche schauen. Also jene Getauften und auch

Ungetauften, die sich gleichsam im Vorhof des Glaubens befinden, die keine Verbindung mit dem Leben der konkreten Gemeinde suchen, etwa wegen Hindernissen nicht zu den Sakramenten gehen können.

Eine Vorbemerkung. Der Blick auf die Nicht-Christen, die Nicht-mehr-Christen, die Noch-nicht-Christen kann auf verschiedene Weise versperrt sein. Die ökumenischen Bemühungen um die Wiedervereinigung der Christen sind ein dringendes Anliegen, denn die Uneinigkeit der Christen ist ein Ärgernis und ein Hindernis für die Wiederverchristlichung. Selbst der Ökumenismus kann jedoch zur Blickverengung führen, wenn z.B. die Mahlgemeinschaft der Protestanten und Katholiken am Tisch des Herrn zum Hauptthema gemacht wird. So entsteht der Eindruck, alle Christen oder wenigstens die Christen mehrheitlich sehnten sich intensiv nach dieser Gemeinschaft und litten unter der Trennung. Dabei wird übersehen, dass der Mehrheit der Christen nichts am Tisch des Herrn schon in ihrer kirchlichen Gemeinschaft gelegen ist, wenn über 80 % der Katholiken dem Sonntagsgottesdienst fern bleiben und der Prozentsatz der Protestanten, die keine Beziehung zum Abendmahl haben, noch höher ist. Sollen diese Mehrheiten von Christen, die am Abendmahl bzw. der Eucharistie nicht interessiert sind, plötzlich glühende Sehnsucht nach der Tischgemeinschaft der

Christen haben? Über der Minderheit der Christen, denen sie ein tief empfundenes Anliegen ist, dürfen doch die mehrheitlich Uninteressierten und die Nicht-Christen nicht im Hintergrund oder gar in der Vergessenheit versenkt werden. Gerade ihnen müssen unsere Bemühungen gelten.
Nun zu den bemerkenswerten Initiativen in dieser Hinsicht.

Seit Jahren findet im Dom von Erfurt in der Weihnachtsnacht nach der eucharistischen Christmette der Gläubigen das „Nächtliche Weihnachtslob" für die Menschen im „Vorhofe des Glaubens und der Kirche" statt: Weihnachtslieder, Bläsermusik, das Weihnachtsevangelium, eine kurze Ansprache, Glockengeläute. Dieses Nächtliche Gotteslob erfreut sich wachsender Beliebtheit, gerade auch bei den Dreißig- bis Vierzigjährigen, die im allgemeinen der Kirche gegenüber sehr distanziert sind.

Handelt es sich bei diesem Weihnachtslob nur um eine Form der Präevangelisierung, durch die die Kirche sich als menschenfreundlich erweist, oder bereits um eine beginnende Evangelisierung? Wahrscheinlich steht sie im Zwischenfeld. Auf jeden Fall kommt die Kirche so den Menschen entgegen, die auf der Suche sind, auf der Suche nach einem tieferen Sinn des Lebens, im letzten auf der Suche nach Gott.

In mehreren Städten Deutschlands macht die evangelische Kirche nicht nur einmal im Jahr, sondern öfter ein ähnliches Angebot mit den sogenannten Thomasgottesdiensten oder Thomasmessen; so benannt nach dem ungläubigen, zweifelnden Apostel Thomas. Diese Gottesdienste geben Raum für spontane Gesten wie Gespräche, sich segnen lassen, eine Kerze anzünden oder auch nur für sich sein. Sie folgen nicht dem Ritus der offiziellen evangelischen Gottesdienste.

In den Ländern der ehemaligen DDR ist nach wie vor die aus der sozialistischen Zeit stammende Jugendweihe sehr verbreitet, allerdings nun ohne ihren ursprünglichen ideologischen Hintergrund, sondern entpolitisiert und privatisiert. Der Dompfarrer von Erfurt bietet eine christliche, katholische Alternative an, die „Feier der Lebenswende". Sie hat als Inhalt den dankbaren Rückblick auf die Jahre der Kindheit, den Dank an die Eltern, den Ausblick auf die Zukunft als Erwachsene, dies alles auf christlichem Hintergrund. Jedoch wird der Eindruck vermieden, die Jugendlichen vereinnahmen zu wollen. Eingeladen sind gerade auch ungetaufte Jugendliche. Die Feier der Lebenswende findet bisher nur begrenzten Zuspruch. Sie spricht aber manche gerade durch den damit gegebenen persönlichen Charakter an, im Gegensatz zu den Massenveranstaltungen der Jugendweihe. Die Anbieter sehen und verwirklichen die dringend notwendige Evangelisierung und lassen sich nicht entmutigen.

Wir haben einige wichtige Gesichtspunkte aus dem weiten Auftrag an uns Christen zur Neuevangelisierung in unserer Zeit überlegt. Dies ist ein schwieriger Auftrag. Wir dürfen uns aber nicht entziehen und wir entziehen uns ihm nicht, im Vertrauen auf den Heiligen Geist, der auch heute die Kirche und die Welt erneuert.